세계의 砲彈포탄이
　모두 별★이 된다면

세계의 砲彈포탄이
모두 별★이 된다면

이세룡 시선집

서정의
서정 7

도서출판 도훈

우리 젊은 그 시절,

물도 불도 무언지 모르던 그 시절.

활활 타는 가슴으로

이곳저곳 참으로 바쁘게 뛰어다니던 시절.

영화의 한 대목처럼

문득 쓰러져 일어나지 못했던 시인 이세룡

이제 그의 젊음을 다시 읽을 수 있다니.

다시 만날 수 있다니.

그리운 사람이여,

그리운 시절이여.

2024년 늦은 봄날

윤석산 시인

1부 빵

세계의 砲彈포탄이 모두 별이 된다면 ... 13

빵 ... 15

일곱 타스의 時間시간 ... 16

여름이 오기 석달 전 ... 17

양초 ... 19

水色수색에 내리는 비 ... 20

아침 ... 22

산토끼를 위하여 • 1 ... 24

산토끼를 위하여 • 2 ... 25

잠의 나라에서 일어나 ... 26

금요일 밤의 브라스밴드 ... 28

1972년 여름날의 럭비구경 ... 30

땅콩캐기 ... 32

겨울 비망록 ... 34

아우야 ... 37

祭亡妹歌 제망매가 ... 40

대화 ... 41

雪설 ... 43

결혼 ... 44

地球지구라는 이름의 작은 별 ... 45

섬 ... 47

2부 작은 평화

나비 ... 51

비 ... 52

주머니 ... 53

고등어 ... 55

배꼽 ... 57

키스 ... 58

달걀을 삶아먹는 나의 자정미사 ... 59

벙어리 세롱 ... 60

벼 ... 61

십자가 ... 63

스타 ... 64

사과를 깎으며 ... 65

나의 라임오렌지나무 · 1 ... 67

나의 라임오렌지나무 · 2 ... 69

나의 라임오렌지나무 · 4 ... 70

나의 라임오렌지나무 · 5 ... 71

나의 라임오렌지나무 · 7 ... 73

나의 라임오렌지나무 · 8 ... 74

나의 라임오렌지나무 · 10 ... 75

영등포 · 1 ... 76

아내 ... 78

시인의 집 ... 79

성냥 ... 80

냄비 우동 ... 81

3부 채플린의 마을

채플린 Ⅰ ... 85
채플린 Ⅱ ... 86
채플린 Ⅲ ... 87
채플린 Ⅳ ... 88
채플린 Ⅴ ... 89
에덴의 동쪽 ... 90
나의 청춘 마리안느 ... 91
일요일은 참으세요 ... 92
공장 노동자들의 퇴근 ... 94
자전거 도둑 ... 95
희랍인 조르바 ... 96
노인과 바다 ... 98
미션 ... 99
전쟁과 평화 ... 101
情事정사 ... 103
술과 장미의 나날 ... 104
우리 생애 최고의 해 ... 105
쉘브르의 우산 ... 107
사운드 오브 뮤직 ... 109
티파니에서 아침을 ... 110
무랑루즈 ... 111
올 댓 재즈 ... 113
2001 : 우주 오디세이 ... 114

4부 종이로 만든 세상

종이로 만든 세상 ... 117
늦어도 11월에는 ... 118
無言歌무언가 ... 120
우리는 서로 포로가 된다 ... 121
기쁜 우리 젊은 날 ... 122
물고기와 새와 나 ... 123
광릉에서 ... 125
나는 때때로 고아처럼 느껴진다 ... 127
겨울 밤의 대화 ... 128
나의 文身문신 ... 129
아나벨리 ... 131
콜럼버스 콜럼버스 ... 132
무언극 ... 134
이상한 民泊민박 ... 136
실락원 ... 138
압구정, 압구정 ... 139
개인史劇사극 ... 140

* 시의 수록 순서는 원 시집의 순서대로 하였습니다
한자음을 병기하여 표기했습니다.
철자법은 가능한 원 시집의 표기를 적용하였습니다.

1부

빵

세계의 砲彈포탄이 모두 별이 된다면

세계의 각종 砲彈포탄이 모두 별이 된다면

그러면 몰래 감추어 둔 大砲대포와

大砲대포 곁에서 잠드는 병사들의 숫자만 믿고

함부로 날뛰던 나라들이 우습겠지요

또한 몰래 감춘 大砲대포를 위해

눈 부릅뜨던 병사와

눈 부릅뜨고 오래 견딘 병사에게 달아주던 훈장과

훈장을 만들어 팔던 가게가 똑같이 우습겠지요

세계의 각종 砲彈포탄이 모두 별이 된다면

그러면 전 세계의 시민들이

각자의 생일날 밤에

멋대로 祝砲축포를 쏜다 한들

나서서 말릴 사람이 없겠지요

砲口포구가 꽃의 중심을 겨누거나

술잔의 손잡이를 향하거나

나서서 말릴 사람이 없겠지요

별을 砲彈포탄 삼아 쏘아댄다면

세계는 밤에도 빛날 테고

사람들은 모두 砲彈포탄이 되기 위해

줄을 서서 차례를 기다릴지도 모릅니다

세계의 각종 砲彈포탄이

모두 별이 된다면

빵

이것이 희망으로 보일 때
어리석은 사람들은
집을 담보로 잡히고서라도
끝까지 간직하려고 애쓰겠지요

또 이것이 불만으로 보일 때
똑똑한 사람들은
밤을 새우더라도
끝까지 씹으려고 덤비겠지요

그러나 이것이 밀가루 빵으로 보일 때
사람들은
제조한 날로부터 사흘이 경과되면
대체로 상하기가 쉽다는 걸 알게 됩니다
희망에 대해서도
불만에 대해서도 알게 됩니다

일곱 타스의 時間시간

보리농사를 망치고
여름 그늘에 엎드려
명랑한 草緣초록을 미워한다

하루 두 끼는
커다란 불만의 빵으로 때우고,
새벽이 오고 여자가 웃어도
아무하고도 입을 맞추지 않는다

보리농사를 망치고,
모든 슬픔이 정처없이 헤매일 때
슬픔 곁에 주저앉아
괜히 사소한 기쁨들을 미워하는
일곱 타스의 빌어먹을 시간

여름이 오기 석달 전

새벽이 빨리 오고 있었다
내 숨결의 고향
안개바다 위로
새벽은 빨리 와서
사건만큼 크고 많은 섬들 위에

우수수 관심의 햇살을 떨어뜨렸다
바다에서는 막 배운 사내들이
石炭석탄처럼 뜨거운 손으로
싱싱한 물고기를 건져 올렸다
몇 사람은 水平線수평선을 향해
생명의 연한 비린내를 깨물며
오늘 무사한 놈들은
내일까지 불행한 족속들이라고

입을 놀리기도 했다
하느님,

이름도 몰라요, 성도 몰라요,
동생 같은 아이들이
자지를 내놓은 채 뛰어다녔다
해질녘이면 노는 일도 고단하여
노을처럼 스러지던 빈 방의 아이들,
아이들을 재우려고

하느님은 지구 저쪽에서
한쪽 어깨를 빌려주시곤 했다
여름이 빨리 오고 있었다

양초

스물 여덟 번째
생일날.
저녁.

책이라도 읽으시라고

그가
전신에
고름을 흘리고 있다.

水色수색에 내리는 비

이제 마음은 편안하다

나는 봄비 속에 서서
지난 겨울을 생각합니다
우리가 왜 다투었는지 생각합니다

내가 아는 산소
내가 아는 그리움
너의 노크소리처럼 가만히
유리창을 두드리던 빗방울이,
그때 우리들에게는 없었읍니다

내 피를 마르게 하는 바람만 있었읍니다
나는 너의 살 속을 달려가며
뜨겁게 소리치고 떠들고, 그때는
왜 그렇게 어지러웠는지 생각합니다

이제 마음은 편안하다

해묵은 감정을 가다듬고

네 마음 밭에 뿌리는

내 마른 씨앗들이

수색에 내리는 비 때문에

말없이 젖고 있다

아침

밤새워 기다리던
새벽.
지친 몸을 일으켜
무엇보다 밝으려고 애쓸 때

새벽 네 시
침착하게 바람 불고.
산보할 때

기다림의 저편에서 기다리다가
떨며 도망치는
나뭇잎 사이의 어린 햇빛과
햇빛을 따라가는
아름다운 식전의 경치

그러나, 내 팔은 수줍어서
나의 포옹엔 힘이 없지

언제나

뺄셈으로 시작되는

나의 아침은.

산토끼를 위하여 · 1

눈 내리는 밤엔

별들이 얼마나 추울까,
걱정하는 너의 목소리가
소리없이 들리는 거야

그래도 눈이 내리면
네 마음에 기별 없는

내 사랑마음이
바보같이 쌓이는 거야

이 겨울밤
그래도 자꾸 눈이 내리면
나는 찬 손으로
떨어진 별 하나 주워들고
뜨겁게 뜨겁게 입맞추는 거야

눈이 내리면

산토끼를 위하여 · 2

큰 눈을 마주보는 작은 눈 하나.
젖은 입술 가까이 마른 입술 하나.
손 위에 포개지는 다른 손 하나.
내 가슴이 네 가슴에 닿으려고
아아, 정신없이 바쁠 때도
一濤千里일도천리 달려가는
내 사랑마음

그리고도 모자라서 나는
너의 슬픔
너의 침묵에도
점수를 준다.

잠의 나라에서 일어나

겨울 햇빛 속 어느 아침에
저의 육체를 잠의 나라에서 일으켜
오오랜 침묵 끝에 노래를 부를 때
노래 속에는 제 사랑의 용기 만이 있게 하소서

하얗게 빛나는 눈길 밟으며
그대가 서둘러 돌아오는 때
먼 마음마다 하나씩 등불을 달게 하시어
우리들 차가운 마음과 무관심이
부족한 용기 탓임을 알게 하소서

어둠을 밝히며 쓰는 그대의 편지 속의
저를 위한 뜨거운 눈물을 기억합니다

사랑이여, 제 영혼을 울게 하는
그대 순금의 말씀 한 끝에
어리석긴 해도 튼튼한 저의 육체를 매어 주시어

비록 혼자서 다닐 때라도
저의 고향은 다정한 마음이 가득한 꿈의 나라
그곳의 주민임을 알게 하소서

저로 하여금
확실하게 빛나는 신념을 갖게 하시어
처음부터 피는 꽃과
마지막까지 남아 있는 꽃의 이름을 알게 하소서
사는 일이 오늘처럼 즐거운 날은
온 세계 연인들의 기쁨과 슬픔 생각에
뜨거워지는 저의 이마를
당신 가슴에 안아 주소서

금요일 밤의 브라스밴드

인쇄소 다니던 열 아홉 살 적
금요일 밤의 덕수궁
머리 박박 깎은 아이들
기분을 다친 여자들
심심한 사람들이 많이 모이고.

나는 카스테라를 먹고 있었는데

선생은 씩씩하게 지휘봉을 흔들고
입에 나팔을 문 학생들만
볼이 터질 듯이 부풀어, 터질 듯이 부풀어,

마침내는 터지고 부풀어
카스테라 빈 봉지만 남고,
아이들 앉았던 자리에서
허리 펴고 일어서던 2분음표 한웅큼
뿜바뿜바뿜바

인쇄소 다니던 열 아홉 살 적

금요일 밤의 브라스밴드

1972년 여름날의 럭비구경

벌판은 마시다 남긴 숭늉빛깔.
연희동 일대
운동장에는 먼지가 많고.
말상대가 없어 생기는 건 침묵뿐.

다 큰 사람들이 땀을 흘리며
작은 공 하나를 쫓아다녔지요.
죽을 힘을 다하여
남의 다리를 붙잡고 넘어뜨립니다.
순식간에 남의 눈을 속이는
그런 짓을 가르치고 배우는 것을

나 혼자 머리에 밀짚모자를 얹고
하루종일
우두커니 바라보는 구경도 따분하고
심심하던 1972년 여름날 그때

내 일생 소원은 일 안하고 노는 일.

그러나 내 일생 걱정은 일용할 양식.

아아, 희망은 마시다 남긴 우유빛깔.

어리석은 맹세가 조금씩조금씩 풀어지는 사이에

여름이 가고. 가을이 오고.

할아버지는 돌아가시고

나는 더 이상 벌판에 가지 못하고.

땅콩캐기

여의도가 아직 모래벌판이던 그때,
달밝은 가을밤에
남의 집 땅콩 거저 먹으려고
며칠 간격으로
십리를 달려오던 아이들.

아이들 틈에 끼어 묵묵히
삽질하는 내 가느다란 팔에
몰래 힘줄이 솟고
이마에 땀방울이 맺히면
삽질 더욱 힘들던 여의도,

달빛 친절하게 비쳐도
밤눈 유난히 어두웠음은
내가 심지 않은 탓일까

땅콩은 캐지 못하고

달빛만 퍼내고 퍼내다가

막판에 가서 빈손 털며 싱겁게 웃던

그때, 여의도는 모래벌판

맘놓고 돌아오는 길에

눈물나게 싱성한 별들만 뜨던.

겨울 비망록

헛기침하는 시대의 금이빨 아래
낱낱이 부서지는
우리들의 발언을 기억하리

내가 몰래 간직했던 것들을
나도 모르게 꺼내들고 달아나는
혈색 좋은 바람의
날쌘 구구법을 기억하리

두 번 끓인 茶차로 목을 적시며
불면의 밤을 휘젓던
우리들의 언어는
한 마리 새가 되어 날아가고
빈 껍질만 어둠 속을 허덕일 때

보이지 않는 잠 속을 빠져나온
마른 입술로

석간이 실어 온 外信외신의 一段十行일단십행을

읽고 또 읽는 친구의 낮은 음성,

그의 단정한 자세를 기억하리

壇上壇下단상단하를 오르내리던

목쉰 고함이

겨울의 마지막 한 페이지를

재빨리 넘길 때,

우리들의 뜨거운 음성 마저

톱니처럼 얼어붙은 우울한 거리

저 분노의 모퉁이에서

잔기침이 하얗게 내려쌓이며

한 시대를 요약하고 있을 때

시립공원의 木冊목책 곁에서

밤새워 어둠을 퍼올리는 사람들

그들의 귓속말을 끝끝내 기억하리

나는 巨人거인의 기이타가 되리

착한 이웃의 건강한 웃음을 반주하는

큰 키의 악사가 되어

하루의 보람이 놓일 저녁 식탁과

늦게야 마주보는 가족을 위해

불 밝히는 집집마다의 창문을 기억하리

그 밝은 불빛 아래

시민들의 웃음은

노래도 되고

꿈의 결정도 되어 흩어져 가고

마침내, 생애 최고의 긴장을 펄럭이며

눈부신 풍경 속으로 달려가는

이 세대의 새벽을 기억하리

아우야

너 만나러 가는 길.
아우야
오늘은 눈이 내리고,
날리는 눈발 사이
네 얼굴이 보이고,

바람이 아프다.
바람이
호루루기를 불며 달려가는
연병장 저 끝에서
아우야
달려오는 네 모습이 보였다

춥지?
아뇨.
춥죠?
아니.

나는, 이제 모자를 벗고

너는, 이제 모자를 쓰고

몸무게가 늘었어요.

그래?

형은 나보다 멀리 갔었지?

그래,

나는, 너의 안부를 묻고

너는, 나의 안부를 묻고

아우야

너 만나고 오는 길

오늘은 영하 십 도다

경춘 가도 양켠에

殘雪잔설은

나의 흰 이처럼 반짝이고

아우야
바람이 불 적마다
나는 너의 소리를 듣는다

미류나무 숲에서
매미가 울 때까지

祭亡妹歌 제망매가

꽃이 꽃을 보고 웃는 날들은 가고
흰구름 헛되이 흐르는 서편 하늘에
오늘은 눈물겨운 이름 하나 가고 있어라.

빗줄기로 허공의 깊이를 재며
비인 방의 침묵도 구슬로 꿰며
새벽에 비로소 잠들던 나의 누이여.

꺼진 등잔불 다시 켜들고
아픈 사랑도 뜨겁게 안고
너만 아는 꿈속으로
너만 아는 꿈속으로
하염없이 길 떠나는 나의 누이여.

대화
― 《코스모스》의 칼 세이건에게

1

방안은 피아노 뚜껑처럼 깜깜하다
李世龍이세룡 외 一人일인은
창 밖의 구름을 바라보는 죄수들처럼
KBS-TV의 〈코스모스〉를 보았읍니다

2

오빠 다니는 출판사에서 《코스모스》 나왔지?
……그래.

칼 세이건한테 허락받았어?
……아니.
그래도 되는 거야?
……그럼.

너, 키스해 봤니?

……

네 입술에 네 애인이 입술을 댈 때

……

키스해도 좋습니까? 하고 물어보니?

……아니.

왜?

……사랑하는 사이니까

우리도 칼 세이건을 사랑한단다

雪설

하느님,

스카이라운지의 늙은 주방장

──밤새워 수억 톤의 조미료를 뿌린다

결혼

결혼은,
땅 없는 地主지주들이
집 잃은 희망과 손잡고 시작하는 동업

아들 딸 구별 없이
하나만 낳아 잘 키우기 위하여
조용히 신방의 불을 끄는
뷰티플 선데이

꿈은 언제나 절망의 낙하산에 매달려 있다

──월요일이 없다면
인생은 두 배나 불행할 것이 분명하다

地球지구라는 이름의 작은 별

地球지구라는 이름의 작은 별 가운데에서
가장 빛나는 사람이 있다면
그 사람의 마음은 언제나 풀밭일 테고
머리카락에서는 오이 냄새가 날 것이 분명합니다
별이 반짝이듯 눈을 깜박거릴 터이니
반지도 소용없고 십자가도 필요없겠지요

그 사람이라면
정숙하지 못한 토요일 오후의 벤치 위에
말없이 앉아 있는 남자를 부풀게 하여
연두색 비명소리를 지르게 하고
마침내는 우리나라 하늘의 별이 되게 만드는
마술 손을 가지고 있겠지요

〈게으르긴 해도 쉬지 않고 달리는
낡은 화물열차처럼〉
나는 그 사람에게 갑니다

가만히 가만히 가만히

그러나 뜨거운 작별의 입맞춤으로 고단한

그 사람이 푸른 별 아래 잠들고 나면

벗어 놓은 목걸이처럼

그 옆에 눕기 위하여

섬

Y라는 이름의 작은 섬이

내 마음속에 있다

한 사람도 표류한 적이 없는

無人鳥무인도

거기 닿으려고

상륙 허가증도 없는 一等水兵일등수병 하나가

매일밤 노저어 간다

사랑의 이름표를 달고

2부

작은 평화

나비

自然자연이 발행한

봄의 우표

불임의 꽃들이 목빠지게 기다리는

사랑의 우편배달부

•

태극나비가

국세청 발행의 수입인지로 보일 때

〈당신도 성공할 수 있다〉

비

공중에서
물의 밧줄을 타고 내려오는
키 작은 소방수들.

빗방울
내 귀를 건드리며 자꾸 말을 거는
빗방울
내 손을 잡으며
다른 빗방울을 소개하는 빗방울

한 생각이 모르는 한 묶음의 생각인
빗줄기를 보라고,
귀찮게 속삭이는, 가을 비

주머니

내가 옷을 입는 건

주머니가 달려있기 때문이다

나의 경험에 따르면

옷이란

마술사의 복장처럼 주머니가 많을수록 좋다

죄수들의 불행을 보라

그들의 불행은 갇혀 있기 때문이 아니다

죄수들의 슬픔은

주머니가 없는 옷을 입어야 하기 때문이다

주머니가 없는 옷을 만드는

젊은 디자이너들을 때려 주고 싶다

•

파자마에는 주머니가 없다

잠이란 일종의 짧은 죽음이기 때문이다

壽衣수의에도 주머니가 없다

죽음 뒤에 영혼이 살아있다는 말도 거짓이다

살아있는 것들은

주머니가 달린 옷을 입지 않으면 안된다

자신의 갈비뼈 밑에

몰래

눈물주머니를 달고 계신 어머니들같이.

고등어

미로의 비너스처럼

물속에서 태어난 인간들.

땅보다 물이 더 많은

작은 별을

지구라고 부르는 인간들.

제법 주인행세도 할 줄 알지만

인체의 70%가 수분이라는 말이 사실이라면

사람이란

땅에서 사는 高等魚고등어에 불과하다

•

이 땅에는 두 종류의 고등어가 산다

헤엄칠 줄 아는 고등어들과

그 반대의 자반 고등어들

여당과 야당에 목숨을 거는 고등어들과

순수와 참여에 핏대를 올리는 고등어들이

박치기를 하며 돌아다닌다

•

이세룡이라는 고등어처럼

수영은 못하고 대신 물을 많이 마시는

족속들도 있다

(인체의 70%는 수분이라니까!)

•

고등어 ♂

고등어 ♀ 을 사랑하는

생선 고등어들,

살아있는 인간들

배꼽

〈하늘에 계신 아버지〉는
인간이 만든 대표적인 픽션이다.
그걸 톡 까놓고 보여주는
배꼽의 리얼리즘을 아는가

정전된 사무실처럼 어두운 배꼽.
경리과에서 보관하고 있는
못생긴 도장 같은
배꼽.

부모님 돌아가시기 전에
카네이션이나 한 송이 달아드리라고
말하는 듯한 배꼽.

형이상학과
형이하학이 분단의 슬픔을 맛보는
비무장지대,
배꼽.

키스

조국 땅에 입맞춘 쇼팽의
야상곡을 듣다가
출출해서
집사람 몰래 먹은 밤참.
맛있는
밤참이 원수다
심야의 사랑을 멋쩍게 만들고
결혼기념일을 망쳐놓은
키스가 원수다

•

죽기 일보 직전의 감정을 살려내는
사랑의 인공호흡법,
키스는
깨진 종처럼 소리나지 않는 인생들이
몸에 지니면 좋은
습관입니다

달걀을 삶아먹는 나의 자정미사

달걀 삶는 법을 아는가
깨소금 만드는 법을 아는가
깨는 몇 퍼센트인가
소금은 얼마를 섞어야 하는가

깨소금에 삶은 달걀을 찍어먹는
그 맛을 아는가?

달걀이 제대로 삶아지기를.
덜그럭덜그럭
달걀이 삶아지는 동안
제발 아내가 깨어나지 않도록,
깨어나더라도 눈 흘기지 않도록
비나이다

벙어리 세룡

....

....

입에 지퍼를 달았읍니다

벼

·

벼는 쌀이 열리는 나무

보리와는 비교가 안되는 곡식의 스타.

곡식의 사관생도로서

벼는 청운의 꿈에 부풀지

· ·

가을과 함께 잘 익은

벼 벼 벼 벼 벼 벼 벼

늙은 웨이터같이 고개를 자주 숙이는

벼 벼 벼 벼 벼 벼 벼

· · ·

벼들이 저울 위에 올라선다

──정부미가 되기엔 체중이 모자라는군

──건강엔 아무 이상이 없는데요.

신체검사에 떨어진 벼들이

누렇게 뜨지

. . . .

벼들이 옷을 벗는다

누드모델처럼 타락한 쌀들이

졸지에 보리만도 못한 신세가 되어,

잔술로도 팔리는 막걸리가 되어

짝짝이 젓가락을 두드리는

오늘도, 정처없는 이 세상

십자가

십자가를 만들어야 하는
목수의 아들이
십자가에 매달렸다.

팬들이 영혼에 화상을 입는 것은
그 때문이다

·

여자들의 가슴 골짜기에
파묻히는 십자가.
사랑을 실천할 때는
가끔 여자들의 등 밑에도 깔리는
십자가.

가슴 앞 뒤로 자리를 바꾸면서
내 정신을
탁구공처럼 왔다갔다하게 만드는
십자가

스타

피부에 주름이 골짜기만큼 깊다
사실, 너무 늙었다
애인 역을 맡기엔.

희망의 속삭임?
안돼.
그럼, 절망의 외침은?
그것도 안돼.

텅 빈 저금통장 들고
은행을 찾아가는 망령 든 노파
같은 지구.

별들이 똥을 누는 밤마다
나는
지구를
우주의 난지도라고 생각할 때가 있다

사과를 깎으며

새신랑의 넥타이처럼 구겨지는

사과껍질 사이로

보인다.

칼날을 맞고 태어나

자루 쪽을 쥐고 살았던 시이저의 생애와

칼자루 쪽에서 살다가

스스로 날 쪽에 무릎을 꿇은

미시마 유끼오의 일생이.

보인다

칼을 다만 사과 곁에 눕혀 놓고

정물화를 그리던

세잔느의 마음도 보인다.

. .

자루 쪽이든, 날 쪽으로든

역사와 내연의 관계를 맺어온

칼.

자루 쪽의 기쁨과

날 쪽의 슬픔을 만져본다.

칼의 힘을 빌어

겨우 사과껍질이나 벗기고 있는

한 남자의 인생을 따져본다.

사과 한 쪽 마음놓고 먹기도

쉬운 일이 아니다.

나의 라임오렌지나무 · 1
- 水仁線수인선 기차

그 녀석을 보면

아버지가 마시던 소주 생각이 난다

소주 한잔만 부어도

신나게 달릴 듯한 水仁線수인선 기차 같은 아이.

손뼉치는 손 사이에 生生의 기쁨이 있다며

가슴 속에

언제나 전기불을 켜고 있는 아이.

마을사람들 손에서 노름화투를 빼앗고,

필름통 속처럼 깜깜한 어둠 속에서

별빛 같은 희망을 보여준 아이.

내 친구 제제야

오늘도

水仁線수인선은 저녁노을 등에 지고

늦게 귀가하는 사람들을 싣고 가지만

밤이 되면

철길도 나란히 잔다

너도 또또 형과 함께 나란히 자거라

나의 라임오렌지나무 · 2
– 크리스마스 이브

담배 은박지와

낙엽이 갈보처럼 돌아다니던 거리에

눈이 쌓여서, 눈이 많이 쌓여서

산타클로스가 미끄러질지도 몰라.

얼어죽기도 쉽지

아무리 생각해도

양말은 걸어놓는 물건이 아니다.

추운데,

그냥 신고 자자

나의 라임오렌지나무 · 4
- 제제의 서울구경

우산이 없어서

자동차들은 비를 맞으며 잔다.

겨울비가 내려서

(게다가 밤이 깊었으므로)

오래된 길은

포도주에 취해 금혼식에서 돌아온 여자처럼 조용하다

밤은

어둠 속에,

눈과 귀를

묻고

어린 나그네를 위하여

자동차들은

잠잘 때도 코를 골지 않았다

나의 라임오렌지나무 · 5
- 제제와 서부영화

카우보이들은 왜 일을 하는가. 부모가 없는 고아들인가. 아니면 부모가 있지만 수입이 없어서 대신 돈벌이에 나선 사람들인가.

악당새끼들은 왜 일은 눈곱만큼도 안하고, 노상 술만 퍼마시는가. 왜 여자들을 괴롭히는가. 악당들은 어째서 숫자가 많은가.

총 잘 쏘고 싸움 잘 하는 멋장이는 왜 혼자인가. 사나이는 가족이 없는가. 어째서 여자를 구해 주기만 하고 함께 살지는 않는가. 왜 떠나기를 좋아하는가.

보안관은 무엇 때문에 악당을 겁내는가. 주인공을 도와주지 못하고 쫓아내는 이유는 무엇인가. 보안관은 식구들이 많은가. 처음엔 용감했는데 늙어서 비겁해진 것인가. 마을사람들은 어째서 보안관 가슴에서 사탕 같은 별을 떼어내지 못하는가.

세룡아저씨께
〈법에 걸리지 않고 악당 죽이는 법〉을 가르쳐 드립

니다. ──죽인다고 꼭 권총을 빌어서 빵 쏘는 것이 아녜요. 생각 속에서 죽이는 거예요. 사랑하기를 그만 두는 거죠. 그러면 언젠가는 완전히 죽게 되는 거예요.*

당신의 친구 제제로부터

---

* 바스콘셀로스 『나의 라임오렌지나무』 중에서

나의 라임오렌지나무 · 7
- 이사

봄볕이 따갑다.

희망은 찐빵처럼 부푼다.

접시 한 장 깨지는 소리에 귀 기울이며

이사가는 날.

TV드라마에서 본 대사 몇 마디가 떠오른다.

──나쁜 놈은 날쌔다. 암, 날쌔구말구.

　그놈이 부자된 것도 다 남의 땅 날쌔게 가로챈 거라구.

崔峯최봉씨의 쉰 목소리가 끝까지 따라오며

부자가 되고 싶은 내 마음을 자꾸 흔든다,

이사가는 날. 나는 부자되는 일이

접시 깨뜨린 일처럼 걱정거리가 된다는 사실을 처음 알았다.

2.5톤 타이탄 트럭 위의 이불보따리.

봄볕이 따갑다

나의 라임오렌지나무 · 8
– 일요일

일요일엔 은행도 쉰다.
돈벌이에서 일단 손을 떼라는 말이므로

세번째 일요일에도 맑은 날씨가 예상되므로
사람들은 대체로 가족과 함께, 혹은 단체로
관악산 꼭대기로 몰릴 것이 분명합니다
삼겹살 볶고 종이컵에 소주 따라 마시며
〈일송정 푸른 솔〉을 부른다거나
조용필 노래를 합창할 것이 분명합니다
——왜, 떫으냐? 외채도 줄어드는데
     내 돈 쓰고 내 맘대로 노래도 못하냐?
반말지거리로 따지고 들 것이 분명합니다

우리들의 못생긴 발톱과
은행이자가 놀지도 않고 쑥쑥 자라는
세번째 일요일에도.

나의 라임오렌지나무 · 10
– 포르투까에게

어떤 햇빛도

자기의 그늘을 만난 적이 없고

어떤 씨앗도

자신의 열매를 본 적이 없는데

무엇 때문에

햇빛은 먼길을 달려오고

씨앗은 또 바람에 날리는 것일까

이 땅 어디에

사랑이 있다는 말일까

영등포 · 1

굴뚝들이 하루종일 줄담배를 태웠다
기침을 하는 아이들이 많았지.
석탄가루는 바람에 날리고
빨래는 아주 더럽게 말랐어.

공업도시라고
한국의 맨체스터라고 배운 아이들
산처럼 쌓인 석탄더미에 올라
굴뚝보다 더 높이 학교보다 더 멀리
방패연을 띄우던 영등포.
날마다 흐린 하늘이
일기예보를 맞추지 못해 노상 울상을 짓던
영등포. 삼십 년이 지나도
그 인상뿐이다

그 비슷한 추억뿐인 영등포.
시장로타리 부근 돼지갈비집,

돼지갈비 태우는 연기 속에서
삼십 년만에 만난 동창이 소주잔을 건네 온다
녀석은 유난히도 기관지가 약했던 친구,
집장사로 재미는 좀 봤지만
호흡기 질환으로 고생이라며 콜록콜록
바튼 기침을 애써 참는데

누군가, 인간은 동심으로 돌아가야 한다고
침을 튀기고 있다
동창녀석은 그거야말로
불행 중의 불행이라는 표정이다
내 귀에도
철조망에 구멍을 뚫으라는 이야기로 들린다

아내
- 영희에게

나뭇잎을
초록바다라고 부르는
내 아내.
이파리에 붙은 무당벌레를
노아의 방주라고 부르는 내 아내.
바람이 불면
바다가 몹시 출렁거린다고
후박나무 잎새를 가리키는 내 아내.

절벽이 다가가지 않으므로
대신 파도가 달려온다고 말하는 여자.
나를 깜깜한 절벽이라고 부르면서
파도가 되어 달려오는
내 아내.

시인의 집
– 정진규 선배

집안에
향기가 가득하다.
술 회사 다니는 선배 형편이
에프 킬라라면 몰라도
향수를 뿌릴 처지는 아닌데,
집안 가득한
향기.

탁구대 하나
겨우 들어갈까, 말까?
좁은 뜰
라일락 한 그루 활짝 핀
시인의 집

성냥

감옥 속에는 罪人죄인들이 가득하다
머리통만 커다랗고
몸들이 형편없이 야위었다

세계를 불태우려고
기회를 엿보는 어릿광대들

물 한 모금 마시지 못하고
一生일생을
감옥에서 보낸다

냄비 우동

신사들은 잘 먹지를 않습니다.

일찌기 풍년제과의
과자가 되고 싶었던 밀가루와
스코틀랜드의 위스키가 될 뻔했던 물이

〈불우한 환경 탓이겠지만〉

냄비 속에서 만나
뜨거운 사이가 되었을 때
냄비우동이라는 싸구려 이름은
밀가루 쪽에서나 물의 입장에서는
커다란 망신입니다.

쩔쩔매며 끓는 모양이
情事정사현장을 들킨 유부녀 꼴입니다.
만찬에 초대받지 못합니다

3부

채플린의 마을

채플린 I

물은

그릇을 닮는다

국물은 부엌을 닮고

우물은 마을을 닮는다

강물은 언덕을 닮고

바다는 대륙을 닮고

눈물은

인간을 닮는다

채플린 Ⅱ

1

점심 때가 되기도 전에
빈 속에서 소리가 나는 건
뱃속의 녹슨 파이프를 쪼아대는 딱따구리 때문이다.
빈 지갑 속에서
채플린이
낡은 바이얼린을 켜기 때문이다.

2

이 세계에 영원한 것은 두 개밖에 없다.
반찬 없이 먹는 밥의
슬픔과
밥과 고기반찬이 마주볼 때 찢어지는 웃음.

채플린 Ⅲ

생명이란

반쯤은 빵 덩어리를 닮았다

생명의 빛깔은

깜박이는 신호등의 초록 불빛을 닮았다

생명의 온도는

담요 한 장의 두께와 같다

생명이란

빵 한 덩이. 생명이란

물 한 컵, 담요 한 장이 생명이라고

떠들다가 갑자기

채플린은 창문을 연다

답답한 공기가

마음대로 드나들도록 자유롭게

채플린 IV

삽질을 하고 싶다. 더 늦기 전에

망치질을 시작하고 싶다. 어두워질 때까지

삽질을 끝내고

숟가락을 드는 손의 고단함을 위하여

땅을 파고 싶다. 불우한 이웃들의

배꼽 근처에 말뚝을 박고 싶다.

찢어진 북이라도 두드리고 싶다. 거울 속에서

북소리가 들릴 때까지. 세계의 웃음을 위하여

채플린 V

五年生오년생 박달나무만한 꼬마 신사
찰리 채플린.
인생의 한복판에 떨어진 새똥 같은 콧수염이,
셀룰로이드 속의 돈키호테가,
어디 골탕먹여 줄 사람들이 없을까.

쥐꼬리만한 권력의 앞잡이들이 없을까
오리걸음으로 찾아나서는
일요일 아침의
종자 하나 없는 쓸쓸한 행차.

웃거나 말거나.
눈물 없이 볼 수 없는 의로운 사람들의
슬픔 앞에서
채플린, 코미디의 법왕은
목발을 짚고 일어선다.

에덴의 동쪽

너무 돌아서 녹초가 된 레코드판처럼

사랑에 지친 사람들이 모여 사는

에덴의 동쪽.

무차별의 사랑은 보이지 않고

사람들은 사랑보다 먼저 미움에 감염된다

나의 청춘 마리안느

보리빵 한 개를 삼 등분하면 하루가 지나갔다

마리안느의 단골미장원 앞에서
구두를 닦았다
그리움은 먹은 것도 없이
밤마다 책갈피에 코피를 쏟았다
마리안느가 지나갈 적마다
괜히 얼굴을 붉히던 나의 청춘

사진 속의 얼굴은 지금도 수염이 자라지 않는다

일요일은 참으세요
― 피레우스의 아이들

피레우스 항구를 아는가
언제나 떠들썩한 햇빛의 고향
바다로 가는 길목에선
사랑의 스파이들이 휘파람을 불고

수다장이 여신들을 만나려고
아테네 해군들이 몰려올 때에
골목대장 멜리나 메르쿠리가 물을 퍼붓던
유쾌한 창녀들의 거리를 아는가

랄, 랄, 랄, 랄,
젊음이란 어차피 가난한 사람들의 현금 같아서
쓰지 않고는 못배기는 거라면
새파란 일요일을 그냥 둘 수 없다고

랄, 랄, 랄, 랄,
니콜라이 교회 종소리에 맞추어

사랑의 숨바꼭질이 시작되는 항구를

아는가. 인생을 축하하는 햇빛의 고향

피레우스를

공장 노동자들의 퇴근
- 뤼미에르. 1895

시간은

구두 뒤축처럼 닳아 없어진다

사람들은

싸움과 노동으로 바쁘고,

나의 희망은

단추가 떨어진 옷을 입고 집으로 돌아온다

자전거 도둑

벽보를 붙여야
식구들이 입에 풀칠을 하는 집
家長가장이 가진 재산이라곤
자전거 한 대뿐이다

자전거 한 대뿐이다
어떤 로마 시민이 훔쳐 간 것도
家長가장이 잃어버린 것도
자전거 한 대뿐이다

家長가장이 도둑이 된 것도
한 대의 자전거 때문이다
한 대의 자전거 때문이다
어린 아이를 울린 슬픔도

어른들을 울린 감동도
모두 한 대의 자전거 짓이다

희랍인 조르바

반딧불이 배꼽 밑에 작은 등불을 켜는 밤마다
한숨을 쉬며 해안을 건드리는
에게海해,
과부들이 빵처럼 부푼 얼굴로
치마자락을 들어올리는 건
희랍인 조르바 입에서
「프리마돈나」라는 소리가 나오기를 기다리는 거다

햇빛으로 세수를 하는 섬
크레타,
해안에서 조개를 줍듯
기쁨을 건져올리는 一字無識일자무식 조르바가
인생이란 불알을 까인 돼지의 고통이 아니라고
속삭여주기를 기다리는 거다

물과 별
여자와 포도주가 남아 있는 동안,

제 키만큼의 행복을 키우는 영원한 자유인

희랍인 조르바가

고무공처럼 튀면서 춤추기를 기다리는 거다

노인과 바다

노인의 꿈에는
살이 없다.
뼈만 있다
물고기가 먹어버려서.

물고기는
뼈만 있다.
살이 없다
노인의 꿈이 먹어버려서.

미션

나무가 너무 자랐다

너무 자란 나무들이 제 몸무게에 지쳐

스스로 팔을 부러뜨리는

이과수 폭포 상류 쪽 원시림.

뿌리는 더 깊이 땅속으로 뻗으려 하고

가지는 더 높이 하늘로 뻗으려 하는데

원주민들이

말 대신 마차를 끌고 간다

하느님은 어디 계신가,

힘이 정의라면

살아갈 수 없는 여자와 노인들이

기도하는 사이에

응답 대신 날아오는 스페인의 총알을

가슴으로 받는

벌거숭이 남자들,

너무 자란 나무처럼 쓰러지는 사이에

인간의 양심을 비추는

물 위로

가시철망으로 만든 꽃다발이 흘러간다

전쟁과 평화

집과 집 사이의

담장이,

나라와 나라 사이의

국경이,

모두 과자로 되어 있다면

전쟁 때문에

예쁜 여자들이 과부가 되는 걱정도,

착한 아이들이

고아가 되는 불행도 없을 겁니다

사람들은

서로 앞을 다투어

평화를 지키려고 애쓰겠지요

추석 때 떡을 만들거나

추수감사절에 과자를 만드는 사람들처럼

이웃과 함께 음식 나눠 먹으며

서로 앞을 다투어

평화를 지키려고 애쓰겠지요

집과 집 사이의 담장이

나라와 나라 사이의 국경이

모두 과자로 되어 있다면

情事정사

아담과

이브가.

빨래줄을 매고.

그 위에

젖은 사랑을 널고 있다.

술과 장미의 나날

밤은,
손잡이가 없는 문을 열고
추억의 창고를 뒤지는 생쥐.

도토리 만한 생각을 물고 나와서
내 방을 어지럽힌다.

지루한 고통이여
아까운 시간을 깨물지 말라.

빨지 않은 양말을 뒤집어 신고
밤은,
커다란 삽으로
술과 장미의 나날을 파묻는다.

우리 생애 최고의 해

팔 하나를 잃어버린 병사들이

혼자서도 담뱃불을 붙일 수 있게 만들어진

라이터라는

조그만 금속 제품을 사용할 때마다

나는,

상이용사를 위해서

라이터를 만들어낸 민족의 마음씨에 감동합니다

·

두 팔로도

절망을 움켜쥐고 쩔쩔 매는 사람이 있고

한 손으로도

희망을 놓지 않으려고 애쓰는 사람이 있읍니다

「우리 생애 최고의 해」

흑백 영화가 만들어낸 천연색 희망이

내게 말합니다

따뜻한 마음을

부드러운 눈길에 담은 술잔이

우리들의 인생을 취하게 한다고

쉘브르의 우산

쉘브르 거리에

비

가

내

리

면

우산이

장미처럼 활짝 피고,

우산 속에서

소녀가 웃고 있다

조개 속의 진주처럼 젖어서.

쉘브르 거리에

눈

이

내

리
면

우산이
백합처럼 활짝 피고,
우산 속에서
소녀가 울고 있다
눈사람처럼 얼어붙은 채.

사운드 오브 뮤직

평화는,
아이들이 소리의 계단에서
미끄럼을 타고 노는 거지요.

전쟁은,
어른들이 망치를 휘둘러서
소리의 계단을 부수는 거구요.

그럼,
행복은?

글쎄,
온 가족이 모여 앉아
합창하는 '에델바이스'?

티파니에서 아침을

음악을 입고

비를 맞으며

뉴욕 5번가를 돌아다니는

수상한 천사

오드리 헵번

불빛 흐르는 강,

밤의 도시를 건너서,

새벽에 돌아올 때는

순정만화의 주인공 같은

오드리 헵번

티파니에서 아침을 맞기 위해,

얼굴보다 큰 안경을 쓴

오드리 헵번

아아, 사랑의 부드러운 협박

무랑루즈

빨간 머리 매춘부들
사랑은 모르지만 인생은 알지.

무희들이 머리보다 높이 다리를 들면
신사들 혈압이 따라 오르고
로트렉 씨 테이블에도
포도주 한 병이 따라 오르지.

실크해트 나으리들
사랑은 알지만 인생은 몰라.

무희들이 발바닥보다 낮게 머리 숙이면
테이블에 고꾸라진 신사님들도
포스터 그리던 로트랙 씨도
포도주 병이 빈 줄은 알고

―아가씨

은근히 속삭이면

은근히 속삭이지

―알았어요.

올 댓 재즈

세계의 금관악기들이 일제히 소리를 내면

아마

지구는 금이 갈 걸.

오케스트라의 금관악기 주자들이

곡에 따라서 들락거리는 이유를 알 듯하다

나이 든 사람들이

재즈를 싫어하는 이유도 알 듯하다

(재즈는 세계 제일의 폐활량이니까)

마르크스주의자들이

재즈 밴드를 겁내는 이유도 알 듯하다

(재즈의 힘은 자유의 뇌관을 두드리니까)

2001 : 우주 오디세이

서기 2001년.

크리스마스 이브.

눈이 펑펑 쏟아지는 土星토성에서

새 예수가 태어나고.

그의 모친 되시는 마리아가

아이에게 먹일 분유가 모자란다고 탄식할 때에

은하철도 999를 타고

머나먼 지구에서 달려온 동방박사 세 사람.

새 아기의 머리맡에

컴퓨터와

무그 신디사이저와

지구의 흙을 바친다

고요한 밤, 거룩한 밤, 어둠에 묻힌 밤.

(한국 시간으로는 낮 12시쯤)

4부

종이로 만든 세상

종이로 만든 세상

눈짓 한번에 나는 그냥 무너진다.
혀끝으로
내 몸에 지진을 일으키는 그대여,
네 눈물 한 방울이면
세상의 길 모두 적시고
세상 사람들 모두 적신다.

나는 허우적거리며
노저어
네 기슭에 내 배를 댄다.

늦어도 11월에는

햇빛이 천천히 녹슨다.
낮의 혀와
밤의 혀가
부드럽게 섞이는 황혼 무렵.
너는 팔을 내민다

잉크의 바다에서 허우적거리는
내 손
꼭 잡아주려고,
팔을
뻗는다.
물푸레나무 같은 여자여,
나무의 자매인 네 겨드랑이에는
어째서
꿈 빛깔의 푸른 그늘이 생기는 것이냐?
아아, 11월

허리 밑에서 몸부림치는 고통은

가느다란 실핏줄을 끊고

두 눈을

네 얼굴에 꼭 붙인다.

너의 푸른 그늘 아래 나를 잠들게 하라

나를 잠들게 하라

늦어도 11월에는

無言歌무언가

──작은 아궁이 하나가
이 세상 나무를 모조리 재로 만들 수 있다.

달빛을 체질하는 망사 커튼 너머
고단한 침대.
비타민 병뚜껑을 열어 놓은 채
창문 쪽으로 기울어져 있다.

해안선을 닮은
작고 붉은 입술
하나가

처음 만난 사내를
순식간에 재로 만들고 있다.

우리는 서로 포로가 된다

물고기가
바다를 삼켜버렸다.
지구는
온통 먼지투성이.

네가
나를 삼켜버려서
나?
정신이 없다.

사랑이 아니면
죽음을 달라.

달이 뜨건,
별이 뜨건,
나는 아무래도 좋다.

기쁜 우리 젊은 날

밤이 오면

나는

귀를 쫑긋 세우는 강아지.

종이계단에 엎드려

너를 지킨다.

물고기와 새와 나

물고기와

헤엄치기를 겨눌 때

네 옆구리에는

은비늘이 돋고.

새들과

날기를 다툴 때

네 어깨에는

황금날개가 돋는다.

아나벨리,

우리 둘이 사랑을 겨눌 때,

고통의 얼굴에 피어나는

웃음꽃을 보아라.

내 척추 위로

수천대의 전기열차가 지나간다

손을 들어도

멈출 수 없는 우렁찬 몸부림이 지나간다.

나도
너를 따라서
물고기가 되고,
새가 되는
깊은 오후.

광릉에서

내가 좋아하는 여자는

만날 때마다

딱따구리 흉내를 낸다.

내 심장에 구멍을 뚫어 놓는

아나벨리,

천하의 바보를 삼손으로 바꿔 놓는

그대는

나의 침대,

나의 거울,

나의 금성무공훈장이다.

자꾸 캐묻지 마라

나

늙으면 사랑의 고고학자가 되려 한다.

아아, 우리 둘의 새벽잠이 없어지는 시절이 오고

당신 목의 나이테가 하나씩 늘어난다 해도

나의 관심은

우물처럼 깊어지겠지.

아나벨리,

새벽 약수터에서 나를 보거든

그때에도

내 가슴에 구멍을 뚫어다오.

딱따구리처럼

네 입술로 나를 쪼아다오.

나는 때때로 고아처럼 느껴진다

알카리性성 여자가 말없이
콘텍트 렌즈를 닦는다.
바닷속만큼 커다랗고 푸른
밤.
첼로 밑받침 철사 같은 남자는
잠과 꿈을 뒤섞고

다람쥐 혼자
알밤인 줄 알고 달을 깨문다.

겨울 밤의 대화

전화박스 옆에 목도리가 떨어져 있다.

연인들이
키스하다 떨어뜨린 거다.
아니다
누군가가 도망치다가 흘린 거다.
아니다
시외전화 걸다가 깜빡 잊은 거다.
아니다
눈사람은 녹아버리고 목도리만 남은 거다.
아니다
북극성이 흘린 콧물이다.
아니다
감기에 걸린 시간이다.

나의 文身문신

술은

액체로 된 거울.

건달의 마음을 대낮같이 비추는구나

남들이 들으면 웃을지 모르겠다

내 소원이

얽힌 낚싯줄을 빨리 푸는 거라면.

나는 물고기에게 친절하다

암, 친절하구말구

나는 아이들에게 친절하다

암, 친절하구말구

나는 여자들에게 친절하다

암, 친절하구말구

배꼽에 참외씨 붙이고

달음박질 숨차게

낯선 어른 자전거 뒤따라가던

그때나

지금이나

아아, 평화는

빈 접시마냥 표정이 없구나

아나벨리

당신 곁에 머물면
火傷화상을 입고.

당신 곁을 떠나면
凍傷동상에 걸린다.

아나벨리
내 사랑.

아아, 불.

콜럼버스 콜럼버스

햇빛 여전히 비치고 별빛 녹아

땅 위로 강 위로 흐르므로 사람들은 아직도

神신을 우주의 왕초라고 믿지만 나는

스티븐 호킹의 「시간의 역사」를 읽는다

神신

없는 나의 聖書성서를 읽는다. 無限무한

空間공간. 우주는 시작도 없고 종말도

없다. 창조도 안 되고 파괴도 안 된다. 그저

존재할 뿐이라고 주장하는

콜럼버스. 휠체어를 탄

우주의 콜럼버스 스티븐 호킹. 그대와 함께

「시간의 역사」를 탐험하는 일이 비록

신대륙의 발견처럼 담배와

매독의 불행으로 끝난다 할지라도. 콜럼버스여

나는 가고 싶다 빛보다 빠른

속도로 달려가서

神신을

나의 직속 부하로 삼고 싶다. 곤장을

맞더라도 벼락 아래 잠들더라도

무언극

구들장에서 태어나고

구들장에서 죽는 주제에

고향을 따진다는 일은 얼마나 우스운가

고향을 알면

담뱃불이라도 빌려주겠다는 말인가.

밤새도록 술마시는 무리들이

물먹는 하마 같다.

퉁퉁 부은 눈으로

밤새도록 화투짝 돌리는 천막 속,

게눈을 뜨고

가만히 주위를 돌아본다

어디,

싱싱한 배추 같은 인생은 없는가.

기쁨 따로

슬픔 따로

형편없이 소란한 어둠 속에서

마음의 벽에 상형문자 하나를 새긴다

──호모 사피엔스가 모자를 쓰고

물구나무를 서다

이상한 民泊민박

오색 약수터

민박집

朴박씨댁 담 곁에 서서

오줌을 눈다

오줌을 누며 올려다보는

밤하늘

머리 위에서 와글와글

별은 빛나고

빛나는 고요 속의 별들이

몸 부르르 떨며 내려다보는

강원도 양양군 오색리

푸른별 아래에서 나는

별이

✩ ✩ ✩

이렇게 생기지 않은 사실을

저절로 알게 되었다

(별은 아주 깨끗한 이불 솜 같군요)

중얼거리며

혼자 별을 잡겠다고

별을 잡아보겠다고

나는 자꾸 손을 내밀며

소리없이 걸었습니다

마당 없는

울타리 둘레를

실락원

가을이 오고,

저 많은 철새들이

또 어디론가 날아갑니다

저 산

저 멀리

저 언덕 너머

무슨 먹이가 살고 있을까?

목동 가는 길

오목교 다리 근처에는

할부금이 남아 있는 조그만 아파트가 있습니다

약간의 월수입이 있습니다

마누라와 둘이서

그럭저럭

세금 내면 남는 게 없습니다

압구정, 압구정

말라깽이가 말한다
아아,
살 속에 지옥이 있다

살부자가 말한다
그래,
살 속에 천국이 있다

江강의
南남쪽으로,
사람들이 자꾸 쏠린다

江강의
南남쪽에서,
행복은 너무 살쪘다

멜빵을 메고도
땅바닥에 침을 흘린다

개인史劇사극

——제 몸 속에 냉수를 저장하는

　　선인장이 있다.

종이 마을에 사는

李哥이가도

선인장을 비슷하게 닮았습니다.

활자와

인쇄잉크에 더러워진 손으로

뼈 속에 저장한 꿈을 어루만지며

일개미가 되어

흘린 밥풀을 찾아 헤맸습니다.

어린 노동자의 꿈은

즐거운 세상의

즐거움.

어린 李哥이가

노동을 사랑하지는 않았습니다.
누구에겐가 박쥐처럼 매달려 사는 일이
자살만큼 싫었기 때문입니다.

병정개미가 되어
코피가 나도록 그냥 싸웠습니다.
그렇다고 세상에 대해
무슨 앙심을 품은 건 아닙니다.
영화구경을 할 때
자막이 흐릿하게 보인 것도 그때부터.
안경을 쓰게 된 것도 그때부터.

──이 세계는

　　일터인가? 놀이터인가?

쓰러진 글자를 일으켜 세우며
종이마을에서 염소처럼 뛰놀던 李哥이가도
비슷한 생각을 품었습니다
이 세상은
일터인가, 놀이터인가.

땀 흘리는 일이라면
무엇이건 괜찮은 거다.
궁리 끝에
필름 속으로 거처를 옮겼습니다
가로 24mm
세로 36mm
도대체 몇 평이나 될까.
그리움이 숨어 사는

셀룰로이드의 마을.

건달 李哥이가의 꿈은
아름다운 세상의
아름다움.

일벌 하나가
땀을 뻘뻘 흘리며
꿈을 따러 날아가는 중입니다.

서정의서정 7
세계의 砲彈포탄이 모두 별이 된다면
ⓒ 이세룡, 2024

지은이_ 이세룡

발 행 인_ 이도훈
편집기획_ 유수진
펴 낸 곳_ 도서출판 도훈
초판발행_ 2024년 6월 5일

사무실_ 서울시 서초구 법원로3길 19, 2층 W109호
   (서초동, 양지원빌딩)
전 화_ 02) 595-4621, 010-6722-4621
팩 스_ 050-4227-4621
이메일_ flyhun9@naver.com
홈페이지_ www.dohun.kr

ISBN_ 979-11-92346-79-3 03810
정가_ 13,000원